오늘부터 성공을 향해 한 걸음씩 나아갑니다.

_____ 년   월   일

_____

꿈꾸는 인생을 위한 한 걸음

# 성공 명언 필사

## CONTENTS

| | | |
|---|---|---|
| 성공이란 무엇 | –마거릿 대처 | 6 |
| 누군가 제게 성공의 요소를 | –프레드 세이버헤이겐 | 8 |
| 재능만으로는 | –자니 카슨 | 10 |
| 성공은 얻는 것이 | –지그 지글러 | 12 |
| 인생에서 가장 빛나는 | –귀스타브 플로베르 | 14 |
| 성공은 그 사람이 | –부커 T. 워싱턴 | 16 |
| 승자의 강점은 | –데니스 웨이틀리 | 18 |
| 사람 사이의 차이는 | –W. 클레멘트 스톤 | 20 |
| 성공과 실패는 | –윌리엄 제임스 | 22 |
| 당신의 오늘은 | –존 C. 맥스웰 | 24 |
| 행복한 일을 생각하면 | –데일 카네기 | 26 |
| 할 수 있다고 생각하는 | –파블로 피카소 | 28 |
| 행동을 심으면 | –찰스 리드 | 30 |
| 세상에서 긍정적인 | –리처드 디보스 | 32 |
| 인생의 싸움은 항상 | –빈스 롬바르디 | 34 |
| 비관적인 사람은 | –윈스턴 처칠 | 36 |
| 진정으로 낙관적인 | –윌리엄 아서 워드 | 38 |
| 성공한 사람들은 | –잭 캔필드 | 40 |
| 말하기 전에 | –나폴레온 힐 | 42 |
| 나는 선수 시절에 | –마이클 조던 | 44 |
| 처음부터 잘되는 | –찰스 F. 케터링 | 46 |
| 실패와 성공의 경계선은 | –엘버트 허버드 | 48 |
| 인생에서 실패한 | –토머스 에디슨 | 50 |
| 성공의 비결을 | –토머스 J. 왓슨 | 52 |
| 성공은 성공 위에 | –섬너 레드스톤 | 54 |
| 명성을 쌓는 데는 | –워렌 버핏 | 56 |
| 성공 확률이 80%인 | –대니얼 카너먼 | 58 |
| 당신의 일은 삶에서 | –스티브 잡스 | 60 |
| 세상에는 일을 만들어 | –짐 러벨 | 62 |
| 사람들은 항상 자신이 | –조지 버나드 쇼 | 64 |

| | | |
|---|---|---|
| ☐ | 한 가지 아이디어를  −스와미 비베카난다 | 66 |
| ☐ | 성공한 사람들이  −헨리 워즈워스 롱펠로 | 68 |
| ☐ | 꿈을 날짜와 함께  −그렉 S. 레이드 | 70 |
| ☐ | 누구든 열정에  −에드워드 버지스 버틀러 | 72 |
| ☐ | 당신이 자신의 일을 사랑한다면  −샘 월튼 | 74 |
| ☐ | 미래의 어느 시점에서  −에크하르트 톨레 | 76 |
| ☐ | 두려워도 그냥  −캐리 피셔 | 78 |
| ☐ | 나는 중요한 일을  −캘빈 쿨리지 | 80 |
| ☐ | 스스로 한계를  −메리 케이 애시 | 82 |
| ☐ | 이 세상에서 변화를  −레이 고포스 | 84 |
| ☐ | 도전은 모든 인간  −제임스 램지 울만 | 86 |
| ☐ | 너무 멀리 갈 위험을  −T. S. 엘리엇 | 88 |
| ☐ | 가장 큰 위험은  −마크 주커버그 | 90 |
| ☐ | 확실히 역사에  −엘리너 루스벨트 | 92 |
| ☐ | 불가능한 것은  −오드리 헵번 | 94 |
| ☐ | 당신이 할 수 없다고  −오프라 윈프리 | 96 |
| ☐ | 인생의 비극은  −벤자민 E. 메이스 | 98 |
| ☐ | 맹인으로 태어난  −헬렌 켈러 | 100 |
| ☐ | 만일 당신이 배를  −앙투안 드 생텍쥐페리 | 102 |
| ☐ | 성공이 행복의 열쇠가  −알베르트 슈바이처 | 104 |
| ☐ | 행복으로 가는 길에는  −존 D. 록펠러 | 106 |
| ☐ | 행복만이 유일한  −로버트 그린 잉거솔 | 108 |
| ☐ | 자주 그리고 많이  −랠프 월도 에머슨 | 110 |
| ☐ | 성공하는 사람은 항상  −브라이언 트레이시 | 112 |
| ☐ | 겸손은 진정한  −릭 피티노 | 114 |
| ☐ | 나는 정직한 거래와  −앨런 그린스펀 | 116 |
| ☐ | 인생에서 성공하고  −조지프 애디슨 | 118 |
| ☐ | 일과 여가 시간을  −루이자 메이 올컷 | 120 |
| ☐ | 성공적이고 만족스러운  −로이 T. 베넷 | 122 |
| ☐ | 목적을 가지고  −메리 앤 라드마커 | 124 |

성공이란 무엇일까요?
자신이 하는 일에 대한 재능이 있는 것,
그것만으로는 충분하지 않다는 것을 아는 것,
열심히 노력하고 분명한 목적의식을 가져야 하는 것,
이 모든 것이 어우러진 것이 성공입니다.
- 마거릿 대처

What is success?
I think it is a mixture of having a flair for the thing that you are doing;
knowing that it is not enough, that you have got to have hard work and a certain sense of purpose.
- Margaret Thatcher

마거릿 대처(Margaret Thatcher, 1925~2013)
'철의 여인'이라는 별칭으로 잘 알려진 영국의 총리. 영국 최초의 여성 총리이며 격동의 시기에 강인한 리더십으로 영국을 이끌어 오늘날 영국 역사에서 중요한 정치가 중 한 명으로 평가받는다.

누군가 제게 성공의 요소를 묻는다면, 이렇게 말합니다.
첫 번째는 재능,
두 번째는 고집 또는 결단력,
세 번째는 순전히 행운이라고요.
세 가지 중 두 가지는 반드시 있어야 합니다.
어떤 두 가지든 성공을 이루는 데 충분할 겁니다.
- 프레드 세이버헤이겐

If people ask me for the ingredients of success,
I say one is talent,
two is stubbornness or determination,
and third is sheer luck.
You have to have two out of the three.
Any two will probably do.
- *Fred Saberhagen*

프레드 세이버헤이겐(Fred Saberhagen, 1930~2007)
미국의 공상과학 및 판타지 소설가이다.

재능만으로는 성공할 수 없다.
적절한 시기에 적합한 장소에 있다고 해서 성공하는 것도 아니다.
준비가 되어 있어야 한다.
가장 중요한 질문은 '당신은 준비가 되었는가?'이다.
- 자니 카슨

Talent alone won't make you a success.
Neither will being in the right place at the right time, unless you are ready.
The most important question is: 'Are you ready?'
- *Johnny Carson*

자니 카슨(Johnny Carson, 1925~2005)
미국의 텔레비전 방송 진행자로 여섯 번의 에미상을 수상하였다.

성공은 얻는 것이 아니라 하는 것이다.
그것은 승리에 있지 않고 시도 속에 있다.
성공은 개인적인 기준이며,
자신 안에 있는 최고에 도달하는 것,
될 수 있는 모든 것이 되는 것이다.
최선을 다한다면 성공한 것이다.

- 지그 지글러

Success is the doing, not the getting;
in the trying, not the triumph.
Success is a personal standard,
reaching for the highest that is in us,
becoming all that we can be.
If we do our best, we are a success.
- Zig Ziglar

지그 지글러(Zig Ziglar, 1926~2012)
미국의 연설가이자 베스트셀러 작가. 자기 계발과 동기 부여 분야의 전문가이다.

인생에서 가장 빛나는 순간은 소위 성공의 날들이 아니라, 낙담과 절망 속에서도 삶에 대한 도전과 미래의 성취에 대한 가능성을 느끼는 날들이다.

– 귀스타브 플로베르

The most glorious moments in your life are not the so-called days of success, but rather those days when out of dejection and despair you feel rise in you a challenge to life, and the promise of future accomplishments.
- *Gustave Flaubert*

귀스타브 플로베르(Gustave Flaubert, 1821~1880)
프랑스의 작가. 사실주의 문학의 대표 작가이자 <보바리 부인>으로 유명하다.

성공은 그 사람이 삶에서 얼마나 높은 위치에 도달했는가
로 평가되는 것이 아니라,
그가 얼마나 많은 장애물을 극복했는가로 평가된다.
- 부커 T. 워싱턴

Success is to be measured not so much by the position that one has reached in life as by the obstacles which he has overcome.
- *Booker T. Washington*

부커 T. 워싱턴(Booker T. Washington, 1856~1915)
미국의 교육자이자 연설가. 흑인 인권운동가로 활동하였다.

승자의 강점은 타고난 재능, 높은 지능, 특별한 실력에 있지 않다.
승자의 강점은 소질이나 재능이 아닌 오직 태도에 있다.
태도가 성공의 기준이다.

– 데니스 웨이틀리

The winner's edge is not in a gifted birth, a high IQ, or in talent.
The winner's edge is all in the attitude, not aptitude.
Attitude is the criterion for success.
- *Denis Waitley*

데니스 웨이틀리(Denis Waitley, 1933~)
미국의 베스트셀러 작가이자 세계적인 동기 부여 연설가이다.

사람 사이의 차이는 미미하다.
하지만, 미미한 그 차이가 큰 차이를 만든다.
미미한 차이는 태도이다.
큰 차이는 그 태도가 긍정적이냐 부정적이냐에 달려 있다.
- W. 클레멘트 스톤

There is little difference in people, but that little difference
makes a big difference.
The little difference is attitude.
The big difference is whether it is positive or negative.
- *W. Clement Stone*

W. 클레멘트 스톤(W. Clement Stone, 1902~2002)
미국의 성공한 사업가이자 자선가. 보험사를 차려 억만장자가 되었으며 무일푼에서 자수성가한 입지
전적인 인물로 꼽힌다.

성공과 실패는 능력보다는 태도에 따라 달라집니다.
성공한 사람들은 자신이 이미 무언가를 성취했거나 즐기고 있는 것처럼 행동합니다.
그러면 그것은 곧 현실이 됩니다.
성공한 사람처럼 행동하고, 보고, 느끼고, 그에 따라 자신을 이끌면, 놀라운 긍정적인 결과를 얻게 될 것입니다.
– 윌리엄 제임스


Success or failure depends more upon attitude than upon capacity.
Successful men act as though they have accomplished or are enjoying something.
Soon it becomes a reality.
Act, look, feel successful, conduct yourself accordingly, and you will be amazed at the positive results.
- *William James*


윌리엄 제임스(William James, 1842~1910)
미국의 철학자, 심리학자로 19세기 후반의 주요 사상가이자 미국의 가장 영향력 있는 철학자 중 한 명이다. 현대 심리학의 기초를 세워 '심리학의 아버지'라고도 불린다.

당신의 오늘은 어제 생각한 결과이다.
당신의 내일은 오늘 무슨 생각을 하느냐에 달려 있다.

- 존 C. 맥스웰

Your life today is a result of your thinking yesterday.
Your life tomorrow will be determined by what you think today.
- *John C. Maxwell*

존 C. 맥스웰(John C. Maxwell, 1947~)
미국의 연설가이자 목사. 저술과 강연을 통해 수많은 지도자를 교육하고 양성한 리더십의 대가이자 세계적으로 유명한 동기 부여 전문가이다.

행복한 일을 생각하면 행복해진다.
비참한 일을 생각하면 비참해진다.
무서운 일을 생각하면 무서워진다.
병을 생각하면 병이 든다.
실패를 생각하면 반드시 실패한다.
자기연민에 빠지면 모두가 기피하고 멀리한다.

– 데일 카네기


If we think happy thoughts, we will be happy.
If we think miserable thoughts, we will be miserable.
If we think fearful thoughts, we will be fearful.
If we think sickly thoughts we will probably be ill.
If we think failure, we will certainly fail.
If we wallow in self-pity, everyone will want to shun us and avoid us.
- *Dale Carnegie*

데일 카네기(Dale Carnegie, 1888~1955)
20세기 초 미국의 저명한 강연자이자 작가. <인간관계론>이라는 책으로 베스트셀러 작가가 되었으며, 대인관계 기술 교육으로 선풍적인 인기를 끌었다. 오늘날 자기 계발 분야의 선구자로 일컬어진다.

할 수 있다고 생각하는 사람은 할 수 있고,
할 수 없다고 생각하는 사람은 할 수 없다.
이것은 불변이자, 반박할 수 없는 진리이다.

- 파블로 피카소

He can who thinks he can, and he can't who thinks he can't.
This is an inexorable, indisputable law.
- *Pablo Picasso*

파블로 피카소(Pablo Picasso, 1881~1973)
스페인의 화가, 작가, 조각가로 다양한 분야에서 활동한 예술가이다. 20세기를 대표하는 예술가이며 현대 미술의 거장으로 알려져 있다.

행동을 심으면 습관을 거둔다.
습관을 심으면 성격을 거둔다.
성격을 심으면 운명을 거둔다.
- 찰스 리드

Sow an act and you reap a habit.
Sow a habit and you reap a character.
Sow a character and you reap a destiny.
- *Charles Reade*

찰스 리드(Charles Reade, 1814~1884)
영국의 소설가이자 극작가이다.

세상에서 긍정적인 격려만큼 강력한 것은 거의 없습니다.
미소.
무한한 낙관과 희망.
힘든 상황에서 '넌 할 수 있어.'라는 말처럼.

- 리처드 디보스

Few things in the world are more powerful than a positive push.
A smile.
A world of optimism and hope.
A 'You can do it' when things are tough.
- *Richard M. DeVos*

리처드 디보스(Richard M. DeVos, 1926~2018)
세계적 기업인 암웨이의 공동 창업자이자 미국의 억만장자 사업가이다.

인생의 싸움은 항상 더 강하거나 더 빠른 사람이 승리하는 것은 아니다.
그러나 결국 승리하는 사람은 자신이 할 수 있다고 믿는 사람이다.

– 빈스 롬바르디

Life's battles don't always go to the stronger or faster man.
But sooner or later, the man who wins is the man who thinks he can.
- *Vince Lombardi*

빈스 롬바르디(Vince Lombardi, 1913~1970)
미국의 미식축구 선수 출신의 감독이다. 뛰어난 리더십과 동기 부여 능력으로 하위 팀을 여러 차례 슈퍼볼 우승으로 이끈 레전드 스포츠맨이다. 그러한 업적으로 슈퍼볼 우승컵은 그의 이름을 따서 '빈스 롬바르디 트로피'로 불린다.

비관적인 사람은 모든 기회 속에서 어려움을 보고
낙관적인 사람은 모든 어려움 속에서 기회를 본다.
- 윈스턴 처칠

A pessimist sees the difficulty in every opportunity;
an optimist sees the opportunity in every difficulty.
- *Winston Churchill*

윈스턴 처칠(Winston Churchill, 1874~1965)
영국의 제61대, 제63대 총리이다. 열세인 전황 속에서 뛰어난 리더십으로 제2차 세계대전을 연합국의 승리로 이끌었다.

진정으로 낙관적인 사람은 문제를 인식하면 해결책을 찾아내고,
어려움을 알지만 극복할 수 있다고 믿으며,
부정적인 상황에서도 긍정적인 면을 강조하고,
최악의 경우를 맞닥뜨려도 최선의 결과를 기대하며,
불평할 이유가 있어도 미소 짓기로 마음먹는다.

- 윌리엄 아서 워드

Real optimism is aware of problems but recognizes solutions;
knows about difficulties but believes they can be overcome;
sees the negatives, but accentuates the positives;
is exposed to the worst but expects the best;
has reason to complain, but chooses to smile.
- *William Arthur Ward*

윌리엄 아서 워드(William Arthur Ward, 1921~1994)
미국의 동기 부여 작가. 4,000개가 넘는 그의 명언과 격언은 미국의 대중 연설가들이 가장 많이 인용하는 것으로 알려져 있다.

성공한 사람들은 주변에서 무슨 일이 일어나든 긍정적인 초점을 유지합니다.
그들은 과거의 실패보다는 성공에 집중하고,
삶이 주는 수많은 방해 요소보다는 목표 달성을 위해 취해야 할 다음 행동에 집중합니다.
- 잭 캔필드

Successful people maintain a positive focus in life no matter what is going on around them.
They stay focused on their past successes rather than their past failures,
and on the next action steps they need to take to get them closer to the fulfillment of their goals rather than all the other distractions that life presents to them.
- *Jack Canfield*

잭 캔필드(Jack Canfield, 1944~)
미국의 작가이자 동기 부여 연설가이다. 전 세계 5억 부 이상 판매된 베스트셀러 <영혼을 위한 닭고기 수프>의 저자이다.

말하기 전에 두 번 생각하세요.
당신의 말과 영향력은 다른 사람의 마음에 성공이나 실패의 씨앗을 심게 될 테니까요.

– 나폴레온 힐

Think twice before you speak, because your words and influence will plant the seed of either success or failure in the mind of another.
- *Napoleon Hill*

나폴레온 힐(Napoleon Hill, 1883~1970)
미국의 세계적인 성공학 연구자이자 '성공 철학을 정립한 <성공의 법칙>이라는 책으로 자기 계발 분야에 큰 영향을 끼친 베스트셀러 작가이다.

나는 선수 시절에 9000번 이상의 슛을 놓쳤다.
거의 300회의 경기에서 졌다.
경기의 승부를 결정짓는 슛을 던지는 임무에서도
26번을 실패했다.
나는 인생에서 거듭된 실패를 계속해 왔다.
그리고 그것이 내가 성공한 이유다.

- 마이클 조던


I've missed more than 9000 shots in my career.
I've lost almost 300 games.
26 times, I've been trusted to take the game winning shot and missed.
I've failed over and over and over again in my life.
And that is why I succeed.
- *Michael Jordan*


마이클 조던(Michael Jordan, 1963~)
미국 프로 농구의 전설적인 선수이다. 1980년대와 1990년대에 전 세계에 농구와 NBA를 알렸으며, '미국 역사상 가장 위대한 운동선수' 조사에서 1위를 차지했다. 농구라는 스포츠의 상징이 되는 인물이다.

처음부터 잘되는 일은 거의 없다.
실패, 또 실패, 반복되는 실패는 성공으로 가는 길의 이정표다.
유일하게 실패하지 않는 것은 마지막 시도를 해서 성공할 때뿐이다.
사람은 실패하면서 성공을 향해 나아간다.
- 찰스 F. 케터링

Virtually nothing comes out right the first time.
Failures, repeated failures, are finger posts on the road to achievement.
The only time you don't fail is the last time you try something, and it works.
One fails forward toward success.
- *Charles F. Kettering*

찰스 F. 케터링(Charles F. Kettering, 1876~1958)
미국의 발명가이자 과학자, 엔지니어이다. 총 186개의 특허를 보유하였으며, 자동차의 핵심 기관과 부품들을 개발하고 연구했다.

실패와 성공의 경계선은 너무 가늘어서 그 경계를 넘어설 때 거의 알지 못한다.
그 경계는 너무 가늘어서 때로는 그 위에 서 있으면서도 알아차리지 못한다.
- 엘버트 허버드

The line between failure and success is so fine that we scarcely know when we pass it: so fine that we are often on the line and do not know it.
- Elbert Hubbard

엘버트 허버드(Elbert Hubbard, 1856~1915)
미국의 작가이자 철학자이다. <가르시아 장군에게 보내는 편지>라는 책으로 알려져 있으며, 기업인으로서도 큰 성공을 거두었다.

인생에서 실패한 사람들의 상당수는 자신이 얼마나 성공 가까이 갔는지를 모르고 포기한 사람들이다.

- 토머스 에디슨

Many of life's failures are people who did not realize how close they were to success when they gave up.
- *Thomas Edison*

토머스 에디슨(Thomas Edison, 1847~1931)
미국의 발명가이자 사업가이다. 세계에서 가장 많은 발명을 남긴 사람이며 총 1,093개의 특허를 보유했다.

성공의 비결을 하나 알려 드릴까요?
사실 아주 간단합니다.
실패율을 두 배로 높이세요.
실패를 성공의 적으로 생각할지도 모르지만,
전혀 그렇지 않습니다.
실패에 낙담할 수도 있지만, 그로부터 배울 수도 있습니다.
그러니 계속 해 나가면서 실수를 저지르세요.
할 수 있는 만큼 많이 하세요.
기억하세요. 성공은 바로 거기에서 찾을 수 있을테니까요.

- 토머스 J. 왓슨

Would you like me to give you a formula for success?
It's quite simple, really.
Double your rate of failure.
You are thinking of failure as the enemy of success.
But it isn't as all.
You can be discouraged by failure - or you can learn from it.
So go ahead and make mistakes.
Make all you can.
Because, remember, that's where you will find success.
- *Thomas J. Watson*

토머스 J. 왓슨(Thomas J. Watson, 1874~1956)
미국의 기업인이자 IBM의 초대 회장이다.

성공은 성공 위에 세워지지 않습니다.
실패 위에 세워집니다.
좌절 위에 세워집니다.
때로는 재앙 위에 세워지기도 합니다.

– 섬너 레드스톤

Success is not built on success.
It's built on failure.
It's built on frustration.
Sometimes its built on catastrophe.
- *Sumner Redstone*

섬너 레드스톤(Sumner Redstone, 1923~2020)
미국의 파라마운트, CBS, MTV와 같이 영화, 방송, 라디오, 출판, 케이블 등 복합적 미디어 그룹을 운영한 억만장자 사업가이다.

명성을 쌓는 데는 20년이 걸리지만, 망치는 데는 5분이면 됩니다.
그것에 대해 생각해 보면, 다르게 행동하게 될 겁니다.
- 워렌 버핏

It takes 20 years to build a reputation and five minutes to ruin it. If you think about that, you'll do things differently.
- *Warren Buffett*

워렌 버핏(Warren Buffett, 1930~)
미국의 기업인이자 투자전문가이다. 뛰어난 투자 실력으로 투자가의 대표적인 아이콘으로 여겨진다.

성공 확률이 80%인 투자라고 하면 매우 매력적으로 들리지만,
실패 확률이 20%인 투자라고 하면 주저하게 된다.
마음은 이 둘이 같다는 것을 쉽게 인식하지 못한다.
- 대니얼 카너먼

An investment said to have an 80% chance of success sounds far more attractive than one with a 20% chance of failure.
The mind can't easily recognize that they are the same.
- *Daniel Kahneman*

대니얼 카너먼(Daniel Kahneman, 1934~)
미국의 심리학자이자 경제학자이다. 2002년에 노벨 경제학상을 수상했다.

당신의 일은 삶에서 큰 부분을 차지할 것이고,
진정으로 만족할 유일한 방법은 당신이 위대하다고 믿는
일을 하는 것입니다.
그리고 위대한 일을 해내는 유일한 방법은 당신이 하는 일
을 사랑하는 것입니다.
아직 찾지 못했다면 계속 찾으세요. 안주하지 마세요.
마음의 모든 문제가 그렇듯이, 그것을 찾을 때 당신은 알게
될 것입니다.
- 스티브 잡스


Your work is going to fill a large part of your life,
and the only way to be truly satisfied is to do what you believe is great work.
And the only way to do great work is to love what you do.
If you haven't found it yet, keep looking. Don't settle.
As with all matters of the heart, you'll know when you find it.
- *Steve Jobs*


스티브 잡스(Steve Jobs, 1955~2011)
미국의 기업가로 '애플'을 창립하였고 현대 IT산업의 혁신을 이끌었다.

세상에는 일을 만들어 내는 사람이 있고,
일이 일어나는 것을 지켜보는 사람이 있으며,
무슨 일이 일어났는지 궁금해하는 사람이 있습니다.
성공하려면 일을 만들어 내는 사람이 되어야 합니다.

- 짐 러벨

There are people who make things happen,
there are people who watch things happen,
and there are people who wonder what happened.
To be successful, you need to be a person who makes things happen.
- *Jim Lovell*

짐 러벨(Jim Lovell, 1928~)
미국의 우주비행사이다. 아폴로 13호의 선장을 맡았으며 총 4회 우주 비행을 했다.

사람들은 항상 자신이 처한 환경을 탓한다.
나는 환경을 믿지 않는다.
세상을 이끌어 가는 사람들은 자신이 원하는 환경을 찾아 나서고
찾을 수 없으면 그 환경을 만들어 낸다.
- 조지 버나드 쇼

People are always blaming circumstances for what they are.
I don't believe in circumstances.
The people who get on in this world are the people who get up and look for the circumstances they want, and, if they can't find them, make them.
- *George Bernard Shaw*

조지 버나드 쇼(George Bernard Shaw, 1856~1950)
아일랜드의 극작가, 평론가이다. 1925년에 노벨문학상을 수상하였다.

한 가지 아이디어를 붙잡으세요.
그 아이디어를 당신의 삶으로 만드세요.
생각하고, 꿈꾸고, 그 아이디어에 따라 살아가세요.
뇌, 근육, 신경, 몸의 모든 부분이 그 아이디어로 가득 차게 하세요.
다른 모든 것들은 그냥 내버려두세요.
이것이 성공하는 길입니다.

- 스와미 비베카난다

Take up one idea.
Make that one idea your life - think of it, dream of it, live on that idea.
Let the brain, muscles, nerves, every part of your body, be full of that idea,
and just leave every other idea alone.
This is the way to success.
- *Swami Vivekananda*

스와미 비베카난다(Swami Vivekananda, 1863~1902)
인도의 종교가, 철학자이다. 다양한 명상과 요가 강연으로 인도의 영적 지도자로 존경받는다.

성공한 사람들이 도달한 높은 고지는 단번에 날아오른 것이 아니다.
동료들이 잠든 사이에도 밤새도록 한 발짝씩 기어오른 것이다.

- 헨리 워즈워스 롱펠로

The heights by great men reached and kept were not attained by sudden flight, but they, while their companions slept, were toiling upward in the night.
- *Henry Wadsworth Longfellow*

헨리 워즈워스 롱펠로(Henry Wadsworth Longfellow, 1807~1882)
미국의 시인이자 소설가. 하버드에서 현대 언어학을 가르치며 최초로 단테의 <신곡>을 영문 번역했다.

꿈을 날짜와 함께 적으면 목표가 되고,
목표를 단계로 나누면 계획이 되며,
그 계획을 실행에 옮기면 꿈이 실현된다.
- 그렉 S. 레이드

A dream written down with a date becomes a goal.
A goal broken down into steps becomes a plan.
A plan backed by action makes your dreams come true.
- *Greg S. Reid*

그렉 S. 레이드(Greg S. Reid, 1963~)
미국의 작가, 영화 제작자이다. 25년 넘게 동기 부여 연설가로서도 활동하며 사람들에게 긍정적인 태도와 결단력, 정신적인 성취를 강조하고 있다.

누구든 열정에 불타는 때가 있다.
어떤 사람은 30분 동안, 또 어떤 사람은 30일 동안.
30년 동안 열정을 유지하는 사람이 삶에서 성공을 거둔다.
- 에드워드 버지스 버틀러

Every man is enthusiastic at times.
One man has enthusiasm for 30 minutes, another man has it for 30 days,
but it is the man who has it for 30 years who makes a success of his life.
- *Edward Burgess Butler*

에드워드 버지스 버틀러(Edward Burgess Butler, 1853~1928)
미국의 사업가이다. 버틀러 브라더스 백화점을 창립했으며 예술 발전의 후원자로 공헌했다.

당신이 자신의 일을 사랑한다면, 매일 최선을 다해 일할 것이고, 곧 주변의 모든 사람이 당신에게서 열병과 같은 열정에 전염될 것입니다.
- 샘 월튼

If you love your work, you'll be out there every day trying to do it the best you possibly can, and pretty soon everybody around will catch the passion from you - like a fever.
- Sam Walton

샘 월튼(Sam Walton, 1918~1992)
미국의 최대 슈퍼마켓인 월마트를 설립한 사업가이다.

미래의 어느 시점에서 성공하기를 기다리지 마세요.
현재 순간과 성공적인 관계를 맺고 무엇을 하든 온전히 현재에 집중하세요.
그것이 성공입니다.
- 에크하르트 톨레

Don't wait to be successful at some future point.
Have a successful relationship with the present moment and be fully present in whatever you are doing.
That is success.
- Eckhart Tolle

에크하르트 톨레(Eckhart Tolle, 1948~)
독일 출신의 21세기를 대표하는 영적 지도자이자, 자기 계발, 명상 서적의 베스트셀러인 <지금 이 순간을 살아라>의 작가이다.

두려워도 그냥 하세요.
중요한 것은 실행입니다.
자신감이 생기기를 기다릴 필요는 없습니다.
그냥 하세요. 그러면 결국 자신감이 따라올 것입니다.
- 캐리 피셔

Stay afraid, but do it anyway.
What's important is the action.
You don't have to wait to be confident.
Just do it and eventually the confidence will follow.
- *Carrie Fisher*

캐리 피셔(Carrie Fisher, 1956~2016)
미국의 영화배우이자 작가. 영화 <스타워즈> 오리지널 시리즈의 레아 오르가나 공주 역을 맡아 유명해졌으며, 시나리오 작가로도 활동하였다.

나는 중요한 일을 성취하려 할 때,
사람들의 말에 너무 신경 쓰지 않는 것이 좋다는 것을 깨달았다.
예외없이 그들은 불가능하다고 공언한다.
바로 그때가 도전할 최고의 시점이다.

- 캘빈 쿨리지

I have found it advisable not to give too much heed to what people say when I am trying to accomplish something of consequence.
Invariably they proclaim it can't be done.
I deem that the very best time to make the effort.
- *Calvin Coolidge*

캘빈 쿨리지(Calvin Coolidge, 1872~1933)
미국의 제30대 대통령이다. 정부의 개입을 최소화하는 자유시장 경제 정책으로 경제 호황을 이끌었다.

<u>스스로 한계를 두지 마세요.</u>
많은 사람이 자신이 할 수 있다고 생각하는 범위 안에서만 머뭅니다.
당신은 마음먹은 만큼 멀리 갈 수 있어요.
기억하세요.
믿는다면 이룰 수 있습니다.
- 메리 케이 애시

Don't limit yourself.
Many people limit themselves to what they think they can do.
You can go as far as your mind lets you.
What you believe, remember, you can achieve.
*- Mary Kay Ash*

메리 케이 애시(Mary Kay Ash, 1918~2001)
미국의 20세기를 대표하는 여성 기업인이다. 화장품 회사인 '메리 케이 코스메틱'의 회장이었다.

이 세상에서 변화를 만들 수 없다고 말하는 사람에는
두 가지 유형이 있다.
하나는 시도가 두려운 사람이고
다른 하나는 당신의 성공이 두려운 사람이다.

- 레이 고포스

There are two types of people who will tell you that you cannot make a difference in this world:
those who are afraid to try and those who are afraid you will succeed.
- *Ray Goforth*

레이 고포스(Ray Goforth)
미국의 엔지니어로 세계적인 항공기 제작 회사인 보잉사에서 근무하며 항공 우주 전문 엔지니어 협회의 전무이사이다.

도전은 모든 인간 행위의 핵심이며 주된 동기이다.
우리는 바다가 있으면 이를 건너고,
질병이 생기면 이를 치료하고,
잘못된 것이 있으면 이를 바로잡으며,
기록이 있으면 이를 깬다.
그리고 산이 있으면 이를 오른다.

- 제임스 램지 울만

Challenge is the core and the mainspring of all human activity.
If there's an ocean, we cross it;
if there's a disease, we cure it;
if there's a wrong, we right it;
if there's a record, we break it;
and finally, if there's a mountain, we climb it.
- *James Ramsey Ullman*

제임스 램지 울만(James Ramsey Ullman, 1907~1971)
미국의 작가이자 산악인이다. 미국 최초로 에베레스트 정상에 오른 원정대 중 한 명이다.

너무 멀리 갈 위험을 감수하는 사람만이
얼마나 멀리 갈 수 있는지 알 수 있다.
- T. S. 엘리엇

Only those who will risk going too far can possibly find out how far one can go.
- *T. S. Eliot*

T. S. 엘리엇(T. S. Eliot, 1888~1965)
미국계 영국인으로 시인, 극작가이다. 1948년 노벨문학상을 수상하였으며 20세기 모더니즘을 대표하는 작가이다.

가장 큰 위험은 아무런 위험도 감수하지 않는 것이다.
빠르게 변화하는 세상에서 실패가 확실하게 보장되는 전략은 바로 위험을 감수하지 않는 것이다.
– 마크 주커버그

The biggest risk is not taking any risk.
In a world that's changing quickly, the only strategy that is guaranteed to fail is not taking risks.
- *Mark Zuckerberg*

마크 주커버그(Mark Zuckerberg, 1984~)
미국의 IT 기업가이며, 소셜 네트워크 서비스인 페이스북을 만든 창업자이다.

확실히 역사에 비추어 볼 때,
두려워하기보다는 희망하는 것이,
시도하지 않기보다는 시도하는 것이 더 지혜롭습니다.
우리가 확실히 아는 한 가지는
'그건 불가능해.'라고 말하는 사람에 의해서는
어떤 것도 이뤄진 적이 없다는 것입니다.

– 엘리너 루스벨트

Surely, in the light of history,
it is more intelligent to hope rather than to fear,
to try rather than not to try.
For one thing we know beyond all doubt:
Nothing has ever been achieved by the person who says,
'It can't be done.'
– *Eleanor Roosevelt*

엘리너 루스벨트(Eleanor Roosevelt, 1884~1962)
미국의 정치인이자 사회운동가. 제32대 대통령인 프랭클린 루스벨트의 배우자이며, 미국 역사상 최고의 영부인이라는 평가를 받고 있다.

불가능한 것은 없습니다.
그 단어 자체가 '나는 가능하다.'라고 말하고 있습니다.
- 오드리 헵번

Nothing is impossible, the word itself says 'I'm possible.'
- *Audrey Hepburn*

오드리 햅번(Audrey Hepburn, 1929~1993)
미국에서 활동한 영국 배우. '세기의 연인'이라는 별칭으로 불렸으며, 은퇴 후에는 인권 운동과 자선 사업에 힘썼다.

당신이 할 수 없다고 생각하는 그 일을 하세요.
실패해 보세요. 다시 도전하세요.
두 번째에는 더 잘해 보세요.
넘어지지 않는 사람은 단지 위험을 감수하지 않는 사람일 뿐입니다.
지금이 바로 당신의 순간입니다. 당신의 것으로 만드세요.
- 오프라 윈프리

Do the one thing you think you cannot do.
Fail at it. Try again.
Do better the second time.
The only people who never tumble are those who never mount the high wire.
This is your moment. Own it.
- *Oprah Winfrey*

오프라 윈프리(Oprah Winfrey, 1954~)
미국의 방송 진행자, 제작자, 배우, 기업가이다. '오프라 윈프리 쇼'로 미국과 전 세계에서 큰 성공을 거뒀다.

인생의 비극은 종종 실패에 있는 것이 아니라 안주함에, 너무 많이 하는 데 있는 것이 아니라 너무 적게 하는 데 있다.
자신의 능력을 넘어서는 삶에 있는 것이 아니라, 자신의 역량보다 낮게 사는 삶에 있다.

- 벤자민 E. 메이스

The tragedy of life is often not in our failure, but rather in our complacency;
not in our doing too much, but rather in our doing too little;
not in our living above our ability, but rather in our living below our capacities.
- *Benjamin E. Mays*

벤자민 E. 메이스(Benjamin E. Mays, 1894~1984)
미국의 목사이자 교육자, 인권 운동가이다. 특히 인종 차별 철폐와 시민권 운동의 토대를 세우고 교육 개혁에 큰 영향을 미쳤다.

맹인으로 태어난 것보다 더 불행한 것은
시력은 있으나 비전이 없는 것이다.

– 헬렌 켈러

The only thing worse than being blind is having sight but no vision.
- *Helen Keller*

헬렌 켈러(Helen Keller, 1880~1968)
미국의 교육자이자 사회운동가. 어린 시절 시력과 청력을 잃고 언어 장애까지 생겼으나 모든 장애를 극복하고 장애인, 노동자의 권리를 보호하고 사회적 변화를 위한 운동에 적극적으로 활동했다.

만일 당신이 배를 만들고 싶다면, 사람들을 모아 목재를 가져오게 하고 일감을 나누고 지시하지 마라.
대신, 그들에게 광활하고 끝없는 바다에 대한 동경심을 키워줘라.

– 앙투안 드 생텍쥐페리

If you want to build a ship, don't drum up the men to gather wood, divide the work and give orders.
Instead, teach them to yearn for the vast and endless sea.
- *Antoine De Saint Exupéry*

앙투안 드 생텍쥐페리(Antoine De Saint Exupéry, 1900~1944)
프랑스의 작가이자 비행사이다. <어린 왕자>의 저자로 가장 잘 알려져 있다..

성공이 행복의 열쇠가 아니라 행복이 성공의 열쇠다.
자신이 하는 일을 사랑하는 사람이라면 이미 성공한 사람이다.

- 알베르트 슈바이처

Success is not the key to happiness.
Happiness is the key to success.
If you love what you are doing, you will be successful.
- *Albert Schweitzer*

알베르트 슈바이처(Albert Schweitzer, 1875~1965)
독일 출신의 프랑스 의사, 철학자, 신학자이다. 아프리카에서 의료 봉사를 한 인도주의자로 유명하다. 1952년에 노벨 평화상을 수상했다.

행복으로 가는 길에는 두 가지 간단한 원칙이 있다.
자신이 흥미를 느끼면서 잘할 수 있는 일을 찾는 것.
그리고 그것을 찾으면 모든 열정과 에너지, 야망, 타고난 능력을 쏟아붓는 것이다.

- 존 D. 록펠러

The road to happiness lies in two simple principles:
find what it is that interests you and that you can do well,
and when you find it put your whole soul into it-every bit of
energy and ambition and natural ability you have.
- *John D. Rockefeller*

존 D. 록펠러(John D. Rockefeller, 1839~1937)
미국의 기업가이다. 석유 산업의 개척자로 세계 최초의 억만장자로 알려져 있다. 은퇴 후 재단을 설립하고 기부를 통해 자선 사업을 펼쳤다.

행복만이 유일한 선이다.
행복할 시간은 바로 지금이다.
행복할 장소는 바로 여기다.
행복해지는 방법은 다른 이를 행복하게 하는 것이다.
- 로버트 그린 잉거솔

Happiness is the only good.
The time to be happy is now.
The place to be happy is here.
The way to be happy is to make others so.
- *Robert Green Ingersoll*

로버트 그린 잉거솔(Robert Green Ingersoll, 1833~1899)
미국의 정치가이자 인권운동가이다. 19세기 미국을 대표하는 자유사상가, 불가지론자로 불린다.

자주 그리고 많이 웃는 것,
현명한 이에게 존경을 받고, 아이들에게서 사랑을 받는 것,
정직한 비평가의 찬사를 듣고 거짓된 친구의 배신을 견디는 것,
아름다움을 알아보며 타인의 장점을 발견하는 것,
건강한 아이를 낳든, 작은 정원을 가꾸든, 사회환경을 개선하든,
세상을 조금이라도 더 나은 곳으로 만드는 것,
그리고 당신이 존재함으로써, 단 한 사람이라도 한결 마음 편했음을 아는 것,
이것이 곧 성공이다.

– 랠프 월도 에머슨


To laugh often and much;
to win the respect of intelligent people and the affection of children;
to earn the appreciation of honest critics and endure the betrayal of false friends;
to appreciate beauty, to find the best in others;
to leave the world a bit better whether by a healthy child, a garden patch, or a redeemed social condition;
to know even one life has breathed easier because you lived.
This is to have succeeded.
- *Ralph Waldo Emerson*


랠프 월도 에머슨(Ralph Waldo Emerson, 1803~1882)
미국의 시인이자 사상가이다. 자연과 인간의 조화로운 관계, 개인의 독립적인 자유 추구와 같은 초월주의 운동을 하였다.

성공하는 사람은 항상 다른 사람을 도울 기회를 찾는다.
성공하지 못하는 사람은 항상 '그게 나에게 어떤 이익이 있어?'라고 묻는다.
- 브라이언 트레이시

Successful people are always looking for opportunities to help others.
Unsuccessful people are always asking, 'What's in it for me?'
- *Brian Tracy*

브라이언 트레이시(Brian Tracy, 1944~)
캐나다의 동기 부여 연설가이자 작가이다. 세계적인 자기 계발 전문가로 강연과 책을 통해 많은 활동을 하고 있다.

겸손은 진정한 성공의 열쇠입니다.
성공한 사람들은 때때로 길을 잃습니다.
그들은 종종 성공의 열매에 취해 과하게 탐닉합니다.
겸손은 이러한 오만함과 자기도취의 함정을 막아줍니다.
겸손한 사람은 공로와 부를 함께 나누며
방향을 잃지 않고 계속 성공을 향해 나아갑니다.

- 릭 피티노


Humility is the true key to success.
Successful people lose their way at times.
They often embrace and overindulge from the fruits of success.
Humility halts this arrogance and self-indulging trap.
Humble people share the credit and wealth, remaining focused and hungry to continue the journey of success.

- *Rick Pitino*


릭 피티노(Rick Pitino, 1952~)
미국의 농구 코치이다. 여러 대학교 농구팀과 NBA 농구팀의 감독, 그리스 농구 국가대표팀 감독을 역임했다.

나는 정직한 거래와 '내가 이익을 얻으려면 상대방도 이익을 얻어야 한다.'라는 신념을 철저히 지키며 성공을 이루는 것보다 더 큰 만족을 느낀 적이 없습니다.

− 앨런 그린스펀

I have found no greater satisfaction than achieving success through honest dealing and strict adherence to the view that, for you to gain, those you deal with should gain as well.
- *Alan Greenspan*

앨런 그린스펀(Alan Greenspan, 1926~)
미국의 경제학자로 제13대 연방준비제도 이사회 의장을 맡아 총 19년 동안 활동했다.

인생에서 성공하고 싶다면,
인내심을 절친한 친구로,
경험을 현명한 조언자로,
신중함을 든든한 형제로,
희망을 수호신으로 삼으세요.
- 조지프 애디슨

If you wish to succeed in life,
make perseverance your bosom friend,
experience your wise counselor,
caution your elder brother,
and hope your guardian genius.
- *Joseph Addison*

조지프 애디슨(Joseph Addison, 1672~1719)
영국의 수필가, 시인, 정치인이다. 18세기 영국 문학과 저널리즘 발전에 중요한 역할을 했다.

일과 여가 시간을 규칙적으로 정하세요.
하루를 유익하고 즐겁게 만들어 보세요.
그리고 시간을 잘 활용해서
그 가치를 이해하고 있음을 증명하세요.
그러면 젊은 시절은 기쁨으로 가득하고,
노년에는 후회가 거의 없을 것이고,
인생은 아름다운 성공이 될 것입니다.
– 루이자 메이 올컷


Have regular hours for work and play;
make each day both useful and pleasant,
and prove that you understand the worth of time by employing it well.
Then youth will be delightful,
old age will bring few regrets,
and life will become a beautiful success.
- *Louisa May Alcott*


루이자 메이 올컷(Louisa May Alcott, 1832~1888)
미국의 여성 시인이자 소설가이다. 자신 가족과의 이야기를 바탕으로 한 소설 <작은 아씨들>로 유명하다.

성공적이고 만족스러운 삶을 사는 데
중요한 다섯 가지가 있습니다.
꿈꾸는 것을 멈추지 말고,
믿음을 멈추지 말고,
포기하지 말고,
도전을 멈추지 말고,
배우는 것을 멈추지 마십시오.
- 로이 T. 베넷

There are five important things for living a successful and fulfilling life:
never stop dreaming,
never stop believing,
never give up,
never stop trying,
and never stop learning.
- *Roy T. Bennett*

로이 T. 베넷(Roy T. Bennett)
미국의 자기 계발 작가이자 동기 부여 연설가이다.

목적을 가지고 살아라. 끝까지 나아가라.
열심히 귀 기울여라. 건강을 실천하라.
마음껏 놀아라. 웃어라.
후회 없이 선택하라. 사랑하는 일을 하라.
마치 이것이 전부인 것처럼 살아라.
– 메리 앤 라드마커

Live with intention. Walk to the edge.
Listen hard. Practice wellness.
Play with abandon. Laugh.
Choose with no regret. Do what you love.
Live as if this is all there is.
- *Mary Anne Radmacher*

메리 앤 라드마커(Mary Anne Radmacher)
미국의 여성 작가이자 예술가로 자기 계발, 동기 부여 등과 관련한 강연과 저술을 하며 활동하고 있다.

**꿈꾸는 인생을 위한 한 걸음 성공 명언 필사**

**1판 1쇄 펴냄**    2025년 6월 30일

**지은이**    WG Contents Group

**펴낸곳**    (주)북핀
**등록**      제2021-000086호(2021. 11. 9)
**주소**      경기도 부천시 조마루로385번길 92
**전화**      032-240-6110 / **팩스**  02-6969-9737

**ISBN**    979-11-91443-36-3  03190
**값**       12,000원

이 책은 저작권법에 따라 보호받는 저작물이므로 무단전재와 무단복제를 금합니다.
파본이나 잘못 만들어진 책은 구입하신 서점에서 바꾸어 드립니다.

Copyright © 2025 by WG Contents Group
All rights reserved. No part of this publication may be reproduced, stored in a retrieval system, or transmitted in any form or by any means, without the prior written permission of the publishers.